MY FIRST
POLISH
DICTIONARY

English-Polish

Designed and edited by Maria Watson
Translated by Elzbieta Walter

Hippocrene Books, Inc.
New York

My First Polish Dictionary

English-Polish

Hippocrene Books, Inc. edition, 2019

For information, address:
HIPPOCRENE BOOKS, INC.
171 Madison Avenue
New York, NY 10016
www.hippocrenebooks.com

ISBN: 978-0-7818-1391-4

© Publishers

First edition, 2016

Published by arrangement with Biblio Bee Publications, an imprint of ibs Books (UK)
56, Langland Crescent, Stanmore HA7 1NG, U.K.

Printed at Star Print-O-Bind, New Delhi-110 020 (India)

Aa

actor

aktor   ac-tor

actress

aktorka   ac-tor-ka

adult

dorosły   do-ros-ouy

aeroplane
US English **airplane**

samolot   sa-mo-lot

air conditioner

klimatyzator
cli-ma-ty-za-tor

air hostess
US English **flight attendant**

stewardessa
ste-war-des-sa

airport

lotnisko   lot-ni-sko

album

album   al-bum

almond

migdał   mig-day

alphabet

alfabet   al-fa-bet

ambulance

karetka   ca-ret-ka

angel

anioł a-nyou

animal

zwierzę zwie-sche

ankle

kostka cos-tka

ant

mrówka mru-vca

antelope

antylopa
an-ty-lo-pa

antenna

antena an-te-na

apartment

mieszkanie
miesch-ka-nye

ape

małpa mau-pa

apple

jabłko jab-yko

apricot

morela mo-re-la

apron

fartuch far-tuk

aquarium

akwarium
ak-va-rium

archery

łucznictwo
oucz-nic-tvo

architect

architekt
ar-chi-tect

arm

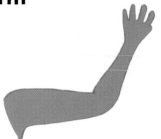

ręka   reu-ka

armour
US English **armor**

zbroja   zbroy-a

arrow

strzała   stscha-oua

artist

artysta   ar-tys-ta

asparagus

szparag   shpa-rag

astronaut

astronauta
as-tro-na-u-ta

astronomer

astronom
as-tro-nom

athlete

sportowiec
spor-to-viec

atlas

atlas   at-las

aunt

ciocia   ciyo-cia

author

autor   au-tor

automobile

samochód
sa-mo-hud

autumn

jesień   ye-sien

avalanche

lawina   la-vi-na

award

nagroda   nag-ro-da

axe

siekiera   syie-kie-ra

baby

dziecko   dyiec-ko

back

plecy   ple-cy

bacon

bekon   be-con

badge

odznaka   od-zna-ka

badminton

badminton
bad-min-ton

bag

plecak ple-cak

baker

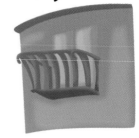

piekarz pie-kasch

balcony

balkon bal-con

bald

łysy ouy-sy

ball

piłka piou-ka

ballerina

baletnica
ba-let-ni-ca

balloon

balon ba-lon

bamboo

bambus bam-bus

banana

banan ba-nan

band

kapela ca-pe-la

bandage

bandaż ban-dag

barbeque

grill grill

barn

stodoła sto-do-oua

barrel

beczka bech-ca

baseball

baseball base-ball

basket

koszyk ko-shyk

basketball

koszykówka
ko-szy-kuv-ka

bat

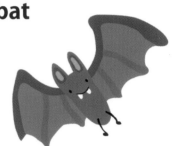

nietoperz
nye-to-pesch

bath

wanna wan-na

battery

bateria ba-te-ria

bay

zatoka za-to-ka

beach

plaża pla-ga

beak

dziób giub

bean

fasola fa-so-la

bear

niedźwiedź
nyedz-viedy

beard

broda   bro-da

bed

łóżko   ousch-ko

bee

pszczoła
pshich-oua

beetle

chrząszcz
chshonsch

beetroot

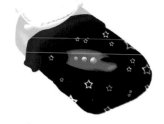

burak   bu-rak

bell

dzwon   dzvon

belt

pasek   pa-sek

berry

jagoda   ya-go-da

bicycle

rower   ro-ver

billiards
US English **pool**

bilard   bi-lard

bin

pojemnik
po-yem-nik

a b c d e f g h i J k l m n o p q r s t u v w x y z

bird

ptak　　　ptak

biscuit

herbatnik
her-bat-niyk

black

czarny　　　ciar-ny

blackboard

tablica　　　tab-li-ca

blanket

koc　　　koc

blizzard

zamieć　　zamy-ieci

blood

krew　　　krev

blue

niebieski
nye-bies-ky

boat

łódka　　　oud-ca

body

ciało　　　cia-ouo

bone

kość　　　koshcz

book

książka
ksion-shca

boot

but   but

bottle

butelka   bu-telk-ca

bow

kokarda   co-car-da

bowl

miska   mis-ca

box

pudełko   pu-deu-co

boy

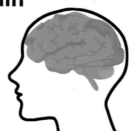

chłopiec
houo-pyec

bracelet

bransoletka
bran-so-let-ca

brain

mózg   muzg

branch

gałąź   ga-ouonsch

bread

chleb   chleb

breakfast

śniadanie
snya-da-nye

brick

cegła   ceg-oua

a
b
c
d
e
f
g
h
i
j
J
k
l
m
n
o
p
q
r
s
t
u
v
w
x
y
z

bride

panna mloda
pan-na mou-da

bridegroom

pan młody
pan mou-dy

bridge

most   most

broom

miotła   mio-toua

brother

brat   brat

brown

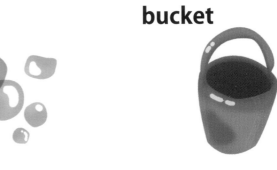

brązowy
brons-o-vy

brush

pędzel   pen-dyel

bubble

bąbel
bom-bel

bucket

wiadro   via-dro

buffalo

bawół   ba-vuou

building

budynek
bu-dy-nek

bulb

żarówka
ja-rouv-ca

bull

byk　　byk

bun

bułka　　b-ouo-ca

bunch

bukiet　　bu-kiet

bundle

paczka　　pack-a

bungalow

bungalow
bun-ga-low

burger

burger　　bur-ger

bus

autobus　　au-to-bus

bush

krzak　　kschak

butcher

rzeźnik　　rzezni-yk

butter

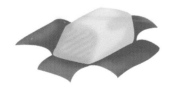

masło　　mau-suo

butterfly

motyl　　mo-tyl

button

guzik　　gu-zik

a b c d e f g h i J K l m n o p q r s t u v w x y z

13

Cc

cabbage

kapusta   ca-pus-ta

cabinet

szafka   shaf-ca

cable

kabel   ca-bel

cable car

kolejka linowa
koy-ley-ca ly-nyo-va

cactus

kaktus   cac-tus

cafe

kawiarnia
ca-viar-nya

cage

klatka   cla-tka

cake

tort   tort

calculator

kalkulator
cal-cul-a-tor

calendar

kalendarz
ca-len-dasch

calf

cielak   cye-lak

camel

wielbłąd
wiel-bound

camera

aparat fotograficzny
a-pa-rat fo-to-gra-ficz-ny

camp

obóz   o-buz

can

puszka   push-ka

canal

kanał   ka-nau

candle

świeczka
sh-viecz-ka

canoe

kajak   ka-yak

canteen

stołówka
sto-ouvka

cap

czapka   cza-ka

captain

kapitan   ca-pi-tan

car

samochód
sa-mo-hood

caravan

przyczepa turystyczna
przy-cze-pa tu-rys-ty-schna

card

kartka   car-tka

carnival

karnawał
car-na-vaou

carpenter

stolarz   sto-lasch

carpet

dywan   dy-van

carrot

marchewka
mar-hev-ca

cart

taczki   tac-schki

cartoon

kreskówka
cres-cuv-ca

cascade

kaskada   cas-ca-da

castle

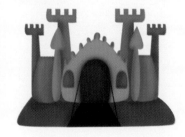

zamek   za-mek

cat

kot   kot

caterpillar

gąsiennica
gon-syen-ny-ca

cauliflower

kalafior   ca-la-fyor

16

cave

jaskinia yas-ki-nya

ceiling

sufit su-fit

centipede

stonoga sto-no-ga

centre

US English **center**

środek shro-dek

cereal

płatki zbożowe
pyat-ki zbo-scho-ve

chain

łańcuch ouan-cuch

chair

krzesło
ksche-schou

chalk

kreda cre-da

cheek

policzek po-ly-czek

cheese

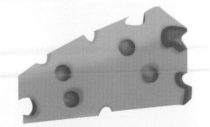

ser ser

chef

szef kuchni
chef ku-chmy

cherry

czereśnie
cze-resh-nye

chess

szachy   sha-hy

chest

pierś   piesh

chick

kurczak   kur-czak

chilli
US English **chili**

chilli   chi-lli

chimney

komin   ko-min

chin

broda   bro-da

chocolate

czekolada
cze-ko-la-da

christmas

Boże Narodzenie
Bo-sche Na-ro-dyie-nie

church

kościół   kosh-ciuou

cinema

kino   ki-nl

circle

koło   ko-ouo

circus

cyrk   cy-rc

city

miasto   mias-to

classroom

klasa   cla-ssa

clinic

przychodnia
przy-chod-nya

clock

zegar   ze-gar

cloth

szmatka   shmat-ca

cloud

chmura   chmu-ra

clown

klown   clown

coal

węgiel   wen-giel

coast

wybrzeże
wyb-sche-sche

coat

płaszcz   pua-shcz

cobra

kobra   cob-ra

cockerel
US English **rooster**

kogut   co-gut

cockroach

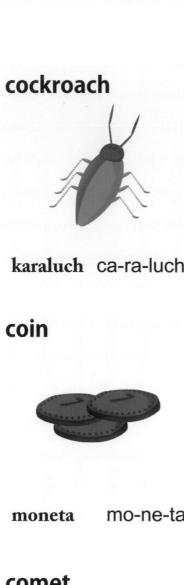

karaluch ca-ra-luch

coconut

kokos co-cos

coffee

kawa ca-va

coin

moneta mo-ne-ta

colour

US English **color**

kolor co-lor

comb

grzebień gje-byen

comet

kometa co-men-da

compass

kompas com-pass

computer

komputer
com-pu-ter

cone

stożek sto-gek

container

pojemnik
po-yem-nik

cook

kucharz ku-chasch

cookie

ciastko cyas-tko

cord

przewód psche-vud

corn

kukurydza cu-cu-ri-dza

cot

łóżeczko ou-schec-ko

cottage

domek do-mec

cotton

bawełna ba-ve-ouna

country

kraj cray

couple

para pa-ra

court

sąd sond

cow

krowa cro-va

crab

krab crab

crane

dźwig ji-wig

21

crayon
kredka   cred-ka

crocodile
krokodyl
cro-co-dyl

cross
krzyż   kschyrz

crow
kruk   cruc

crowd
tłum   toum

crown
korona   ko-ro-na

cube
sześcian
szesh-cyan

cucumber
ogórek   o-gu-rek

cup
filiżanka
fi-li-jan-ka

cupboard
kredens   kre-dens

curtain
zasłona   zas-yo-na

cushion
poduszka
po-dush-ka

Dd

dam
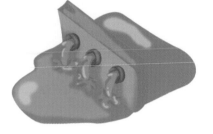
tama ta-ma

dancer

tancerka
tan-cer-ka

dart

strzała strza-oua

data
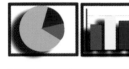

dane da-ne

dates

daktyl dac-tyl

daughter

córka cur-ka

day

dzień dyieni

deck

talia kart ta-lia kart

deer

jeleń ye-lien

den

nora no-ra

dentist

dentysta den-tys-ta

a b c d e f g h i J k l m n o p q r s t u v w x y z

a b c **d** e f g h i j J k l m n o p q r s t u v w x y z

desert

pustynia
pus-ty-nya

design

wzór wzur

desk

stolik sto-lyk

dessert

deser de-ser

detective

detektyw
de-tek-tiv

diamond

diament
dia-ment

diary

dziennik
dyien-nyk

dice

kostka kos-tka

dictionary

słownik
syov-nyk

dinosaur

dinozaur
di-no-zaur

disc

dysk disc

dish

półmisek
puou-mi-sek

diver

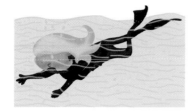

nurek nu-rek

dock

nadbrzeże
nad-bzche-sche

doctor

lekarz le-kasch

dog

pies pies

doll

lalka lal-ka

dolphin

delfin del-fin

dome

kopuła ko-pu-oua

domino

domino do-mi-no

donkey

osioł o-siou

donut

pączek pon-czek

door

drzwi dsch-vi

dough

ciasto cias-to

a b c **d** e f g h i J K l m n o p q r s t u v w x y z

a b c **d** e f g h i J k l m n o p q r s t u v w x y z

dragon

smok smok

drain

odpływ od-pouyv

drawer

szuflada
shu-fla-da

drawing

rysunek ry-sunek

dream

sen sen

dress

sukienka
su-kien-ka

drink

napój na-puy

driver

kierowca
kie-rov-ca

drop

kropla krop-la

drought

susza
su-sha

drum

bęben ben-ben

duck

kaczka kacz-ka

dustbin
US English **trash can**

pojemnik na śmieci
po-yem-nik na sh-mie-cy

duvet

kołdra   lou-dra

dwarf

karzeł   ka-rzeou

Ee

eagle

orzeł   o-jeou

ear

ucho   u-ho

earring

kolczyk   kol-czyk

earth

Ziemia   zie-mia

earthquake

trzęsienie ziemi
trze-sie-nie zie-mi

earthworm

dżdżownica
jjovnica

eclipse

zaćmienie
zac-mye-nie

edge

krawędź   kra-venj

eel
węgorz   we-gosch

egg
jajko   yay-ko

eight
osiem   o-siem

elastic
gumka   gum-ka

elbow
łokieć   ouo-kieci

electrician
elektryk   e-lek-tryc

electricity
elektryczność
e-lek-trycz-nosc

elephant
słoń   souon

elevator
winda   win-da

elf
elf   elf

email
email   e-mail

embroidery
haft   haft

a b c d **e** f g h i J k l m n o p q r s t u v w x y z

engine

silnik   sil-nyk

entrance

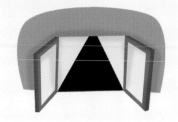

wejście   wey-scye

envelope

koperta   ko-per-ta

equator

równik   ruv-nyk

equipment

sprzęt   spschet

eraser

gumka   gum-ka

escalator

schody ruchome
sko-dy ru-ko-me

eskimo

Eskimos   es-ki-mos

evening

wieczór   vie-czur

exhibition

wystawa   vys-ta-va

eye

oko   o-ko

eyebrow

brwi   brvi

a b c d e f g h i j k l m n o p q r s t u v w x y z

Ff

fabric

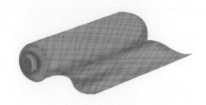

tkanina   tka-ny-na

face

twarz   twarsch

factory

fabryka   fab-ry-ka

fairy

wróżka   wruz-ka

family

rodzina   ro-dyi-na

fan

wachlarz
vach-lasch

farm

gospodarstwo
gos-po-dar-stvo

farmer

rolnik   rol-nyk

fat

gruby   gru-by

father

ojciec   oy-ciec

feather

pióro   piu-ro

female

kobieta   ko-bie-ta

fence

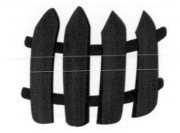

płot   pouot

ferry

prom   prom

field

pole   po-le

fig

figa   fi-ga

file

skoroszyt
sko-ro-schyt

film

film   film

finger

palec   pa-lec

fire

ogień   o-gienie

fire engine

wóz strażacki
vuz stra-jac-ki

fire fighter

strażak   stra-gak

fireworks

fajerwerki
fa-year-ver-ki

a b c d e f g h i J k l m n o p q r s t u v w x y z

fish
ryba   ri-ba

fist

pięść   piensc

five

pięć   piencz

flag
flaga   fla-ga

flame

płomień
pouo-myen

flamingo

flaming   fla-myn-gi

flask

termos   ter-mos

flock

stado   sta-do

flood

powódź   po-vudy

floor
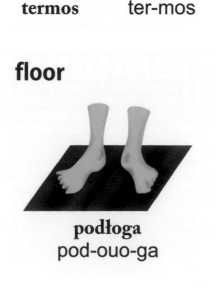
podłoga
pod-ouo-ga

florist

kwiaciarka
kvia-ciar-ka

flour

mąka   mon-ka

flower

kwiat   kviat

flute

flet   flet

fly

mucha   mu-ha

foam

piana   pia-na

fog

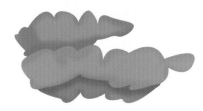

mgła   mgoua

foil

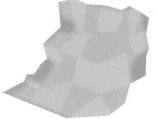

folia   fo-lia

food

jedzenie
ye-dyie-nye

foot

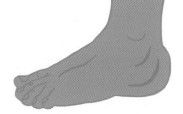

stopa   sto-pa

football
US English **soccer**

piłka nożna
pi-ou-ka noz-na

forearm

przedramię
przed-ra-mie

forehead

czoło   jo-ouo

forest

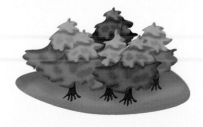

las   las

a b c d e **f** g h i J k l m n o p q r s t u v w x y z

fork

widelec vi-de-lyec

fortress

twierdza
tvier-ja

fountain

fontanna
fon-tan-na

four

cztery czte-ry

fox

lis lys

frame

rama ra-ma

freezer

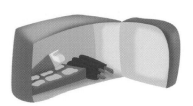

zamrażarka
zam-ra-jar-ka

fridge
US English **refrigerator**

lodówka lo-duv-ka

friend

przyjaciel
pschy-ya-ciel

frog

żaba ja-ba

fruit

owoc o-voc

fumes

wyziewy vi-zie-vy

funnel

lejek ley-ek

furnace

piec pyec

furniture

meble meb-le

G g

gadget

sprzęt sprzent

gallery

galeria ga-le-rya

game

zabawa za-ba-va

gap

odstęp od-stemp

garage

garaż ga-rasch

garbage

śmieci simye-ci

garden

ogród og-rud

garland

girland image

girlanda gi-ran-da

a
b
c
d
e
f
g
h
i
j
J
K
l
m
n
o
p
q
r
s
t
u
v
w
x
y
z

garlic

czosnek　czos-nek

gas

gaz　gas

gate

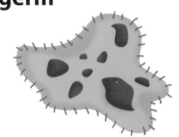

furtka　fur-tka

gem

kamień szlachetny
ka-myen shla-ket-ny

generator

generator
ge-ne-ra-tor

germ

zarazek　za-ra-zek

geyser

gejzer　gey-ser

ghost

duch　duch

giant

olbrzym　ol-bjym

gift

prezent　pre-sent

ginger

imbir　ym-bir

giraffe

żyrafa　gi-ra-fa

girl

dziewczynka
dyiev-czyn-ca

glacier

lodowiec
lo-do-vyec

glass

szkło   sc-ouo

glider

lotnia   lot-nya

globe

glob   glob

glove

rękawiczka
reu-ca-vic-ka

glue

klej   clay

goal

bramka   bram-ka

goat

koza   ko-za

gold

złoto   zouo-to

golf

golf   golf

goose

gęś   geuesh

a
b
c
d
e
f
g
h
i
j
J
k
l
m
n
o
p
q
r
s
t
u
v
w
x
y
z

gorilla

goryl   go-ryl

grain

zboże   zbo-she

grandfather

dziadek   dia-dek

grandmother

babcia   bab-cya

grape

winogrono
wi-no-gro-no

grapefruit

grejpfrut   grey-fruit

grass

trawa   tra-va

grasshopper

konik polny
ko-nyk pol-ny

gravel

żwir   jvir

green

zielony   zie-lo-ny

grey

szary   sha-ry

grill

grill   grill

grocery

zakupy spożywcze
za-ku-py spo-jyv-cze

ground

ziemia   zye-mya

guard

strażnik   stra-jnyk

guava

guajawa   gu-ya-va

guide

przewodnik
pje-vod-nyk

guitar

gitara   gi-ta-ra

gulf

zatoka   sa-lot-ka

gun

pistolet   pis-to-let

gypsy

cyganka   cy-gan-ka

Hh

hair

włosy   vou-o-si

hairbrush

szczotka do włosów
shot-ca do vou-o-suv

a b c d e f g h i j J k l m n o p q r s t u v w x y z

hairdresser

fryzjer   frs-year

half

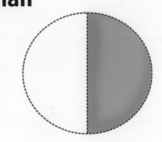

połowa   pou-o-va

hall

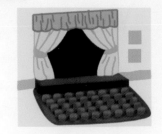

sala   sa-la

ham

szynka   shyn-ca

hammer

młotek   mou-o-tek

hammock

hamak   ha-mak

hand

ręka   reu-ka

handbag

torebka   to-reb-ca

handicraft

rękodzieło
reunco-dieyo

handkerchief

chusteczka do nosa
hus-tecka do no-sa

handle

klamka   klam-ka

hanger

wieszak   vie-shak

harbour
US English **harbor**

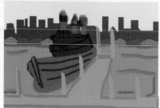

port   port

hare

zając   zayonc

harvest

żniwa   jny-va

hat

kapeleusz
ka-pe-lush

hawk

jastrząb
yas-tschomb

hay

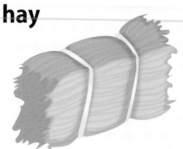

siano   sia-nyo

head

głowa   gou-va

headphone

słuchawki
sou-kav-ki

heap

sterta   ster-ta

heart

serce   ser-ce

heater

grzejnik   gjey-nyk

hedge

żywopłot
jy-vo-pouot

heel

obcas ob-cas

helicopter

helikopter
he-ly-cop-ter

helmet

kask kask

hen

kura ku-ra

herb

zioło zyo-ouo

herd

stado sta-do

hermit

pustelnik
pus-tel-nyk

hill

wzgórze
wzgu-sche

hippopotamus

hipopotam
hi-po-po-tam

hive

ul ul

hole

dziura dziu-ra

honey

miód miud

hood

kaptur   cap-tur

hook

haczyk   ha-cyk

horn

róg   rug

horse

koń   koni

hose

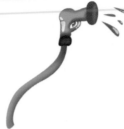

sikawka
sy-kav-ka

hospital

szpital   shpy-tal

hotdog

hotdog   hot-dog

hotel

hotel   ho-tel

hour

godzina
go-dzy-nya

house

dom   dom

human

człowiek
czou-o-viek

hunter

myśliwy   mys-ly-vy

hurricane

huragan
hu-ra-gan

husband

mąż　　　monj

hut

buda　　　bu-da

Ii

ice

lód　　　lud

iceberg

góra lodowa
gu-ra lo-do-va

ice cream

lody　　　lo-dy

idol

bożek　　bo-schek

igloo

igloo　　　ig-lo

inch

cal　　　cal

injection

zastrzyk
zast-schyk

injury

uraz　　　u-raz

ink

atrament
at-ra-ment

inn

gospoda
gos-po-da

insect

owad   o-vad

inspector

inspektor
in-spec-tor

instrument

instrument
in-stru-ment

internet

internet   in-ter-net

intestine

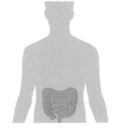

jelito   ye-li-to

inventor

wynalazca
vy-na-laz-ca

invitation

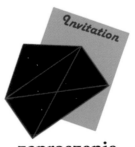

zaproszenie
zap-ro-she-nye

iron

żelazko   je-laz-ko

island

wyspa
vys-pa

ivory

kość słoniowa
koshcz syo-nyo-va

a b c d e f g h **i** j k l m n o p q r s t u v w x y z

Jj

jackal

szakal sha-kal

jacket

kurtka kur-tka

jackfruit

dżakfrut jak-frut

jam

dżem jam

jar

słoik sou-ik

javelin

oszczep oschtrzep

jaw

szczęka scheu-ka

jeans

dżinsy jeansy

jelly

galaretka
ga-la-ret-ka

jetty

molo mo-lo

jewellery
US English **jewelry**

biżuteria
bi-schu-tey-rya

jigsaw

układanka
uk-oau-dan-ka

jockey

dżokej　jo-key

joker

żartowniś
jar-tov-nysh

journey

podróż　pod-ruj

jug

dzbanek　zba-nek

juggler

żongler　jon-gler

juice

sok　sok

jungle

dżungla　jun-gle

jute

juta　yu-ta

kangaroo

kangur　kan-gur

kennel

buda　bu-da

Kk

kerb
US English **curb**

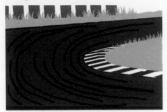

krawężnik
kra-vesch-nyk

kerosene

nafta   naf-ta

ketchup

keczup   ce-chup

kettle

czajnik   czy-nyk

key

klucz   kluczk

keyboard

klawiatura
kla-via-tu-ra

key ring

kółko na klucze
oush-ko na klu-cze

kidney

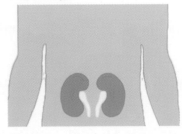

nerka   ner-ka

kilogram

kilogram
ci-lo-gram

king

król   krul

kiosk

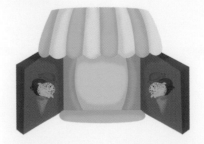

budka   bud-ka

kiss

pocałunek
po-ca-ou-nyek

kitchen

kuchnia   cuc-nya

kite

latawiec   la-ta-viyec

kitten

kociak   ko-ciak

kiwi

kiwi   ky-vi

knee

kolano   co-la-no

knife

nóż   noug

knight

rycerz   ri-cez

knitwear

dzianina
dzya-ny-nia

knob

gałka   gaou-ka

knock

pukanie   pu-ka-nye

knot

węzeł   weu-zeou

knuckle

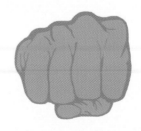

knykieć   kny-kieci

Ll

label

przywieszka
pschy-viesh-k

laboratory

laboratorium
la-bo-ra-to-rium

lace

sznurowadło
schnu-ro-vad-ouo

ladder

drabina   dra-bi-na

lady

pani   pany

ladybird

US English **ladybug**

biedronka
byed-ron-ka

lagoon

laguna   la-gu-na

lake

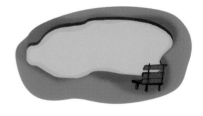

jezioro   ye-zio-ro

lamb

jagnię   yag-nye

lamp

lampa   lam-pa

lamp post

słup latarni
soup la-tar-ny

land

ziemia   zie-mya

lane

pas ruchu
pas ru-ku

lantern

lampion   lam-pyon

laser

laser   la-ser

lasso

lasso   las-so

latch

zatrzask   zat-shask

laundry

bielizna do prania
bie-lis-na do pray-nia

lawn

trawnik   trav-nyk

lawyer

prawnik   prav-nyk

layer

warstwa   var-stva

leaf

liść   ly-shcz

leather

skóra   sku-ra

a b c d e f g h i J k l m n o p q r s t u v w x y z

leg

noga　　　no-ga

lemon

cytryna　　cit-ry-na

lemonade

lemoniada
le-mo-nay-da

lens

lupa　　　lu-pa

leopard

pantera　　pan-te-ra

letter

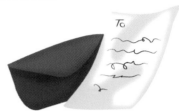

list　　　　list

letterbox
US English **mailbox**

skrzynka pocztowa
skschyn-ka pocz-to-va

lettuce

sałata　　saou-a-ta

library

biblioteka
bib-lyo-te-ka

licence

pozwolenie
poz-vo-le-nie

lid

pokrywka
pok-ryv-ka

light

światło　sviayt-ouo

lighthouse

latarnia morska
la-tar-nya mor-ska

limb

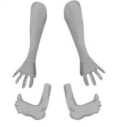

kończyna
koni-czy-na

line

linia   ly-nyia

lion

lew   lev

lip

usta   us-ta

lipstick

szminka   shmyn-ka

liquid

płyn   pouyn

list

lista   lis-ta

litre
US English **liter**

litr   litr

living room

pokój dzienny
po-kuy dye-n-ny

lizard

jaszczurka
yash-czur-ka

load

ładunek
oua-du-nek

a
b
c
d
e
f
g
h
i
J
k
l
m
n
o
p
q
r
s
t
u
v
w
x
y
z

a b c d e f g h i j J k l m n o p q r s t u v w x y z

loaf

bochenek
bo-ke-nek

lobster

homar   ho-mar

lock

kłódka   koud-ka

loft

strych   stryk

log

kłoda   kwou-da

loop

pętla   pen-tla

lorry

US English **truck**

ciężarówka
cie-sha-ruv-ka

lotus

lotos   lo-tos

louse

wesz   wesz

luggage

bagaż   ba-gasch

lunch

lunch   lunch

lung

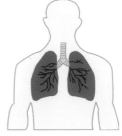

płuco   puo-co

Mm

machine

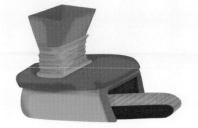

maszyna
ma-schy-na

magazine

czasopismo
cza-so-pis-mo

magician

magik   ma-gik

magnet

magnes   mag-nes

magpie

sroka   sro-ka

mail

poczta   pock-ta

mammal

ssak   ssak

man

mężczyzna
meusch-czyz-na

mandolin

mandolina
man-dol-li-na

mango

mango   man-go

map

mapa   ma-pa

maple

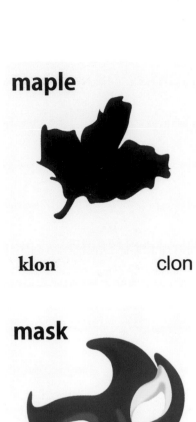

klon   clon

marble

szklana kulka
sh-klan-ka

market

rynek   ry-nek

mask

maska   mas-ka

mast

maszt   masht

mat

mata   ma-ta

matchbox

pudełko zapałek
pu-deu-ko za-pa-yek

mattress

materac   ma-te-rac

meal

posiłek   po-si-ouek

meat

mięso   mien-so

mechanic

mechanik
me-ka-nic

medicine

lekarstwo
le-kar-stvo

melon

melon   me-lon

merchant

kupiec   ku-piec

mermaid

syrena   sy-re-na

metal

metal   me-tal

metre
US English **meter**

metr   metr

microphone

mikrofon
mic-ro-fon

microwave

mikrofalówka
mik-ro-fa-luv-ka

mile

mila   mi-oua

milk

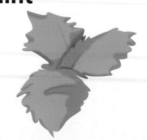

mleko   mle-ko

miner

górnik   gur-nyk

mineral

minerał   mi-ne-rau

mint

mięta   mye-ta

minute

minuta mi-nu-ta

mirror

lustro lus-tro

mobile phone

komórka
ko-mur-ka

model

modelka mo-del-ka

mole

kret kret

money

pieniądze
pie-nyon-dye

monk

mnich mnik

monkey

małpa mau-pa

monster

potwór pot-vur

month

miesiąc mie-sionc

monument

pomnik pom-nyk

moon

księżyc ksie-schyc

mop

mop   mop

morning

ranek   ra-nek

mosquito

komar   ko-mar

moth

ćma   cimya

mother

matka   mat-ka

motorcycle

motocykl
mo-to-cykl

motorway

jezdnia   yez-dnya

mountain

góra   gu-ra

mouse

mysz   mysch

mousetrap

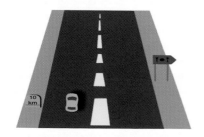

pułapka na myszy
puap-ka na my-schy

moustache

wąsy   won-sy

mouth

usta   us-ta

mud

błoto   bou-o-to

muffin

babeczka
ba-becz-ka

mug

kubek   ku-bek

mule

muł   muou

muscle

mięsień   mye-syeni

museum

muzeum mu-se-um

mushroom

grzyb   gshyb

music

muzyka   mu-sy-ka

musician

muzyk   mu-sik

Nn

nail

gwóźdź   gvu-dz

napkin

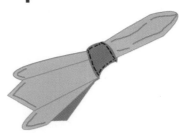

serwetka ser-vet-ka

nappy
US English **diaper**

pieluszka
pie-lush-ka

nature

przyroda
pshy-ro-da

neck

szyja   shy-ya

necklace

naszyjnik
na-siyy-nyk

necktie

krawat   kra-vat

needle

igła   ig-oua

neighbour
US English **neighbor**

sąsiad   son-syad

nest

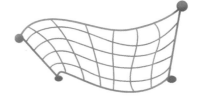

gniazdo   gnias-do

net

siatka   siat-ka

newspaper

gazeta   ga-ze-ta

night

noc   noc

nine

dziewięć
dye-vie-ci

a b c d e f g h i J k l m **n** o p q r s t u v w x y z

noodles

kluski   klus-ki

noon

południe
po-ou-dnye

north

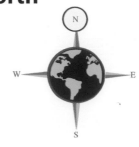

północ   puou-noc

nose

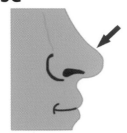

nos   nos

note

notatka   no-tat-ka

notebook

notes   no-tes

notice

ogłoszenie
ok-yo-she-nye

number

numer   nu-mer

nun

zakonnica
za-kon-ny-ca

nurse

pielęgniarka
pie-leg-nyar-ka

nursery

żłobek   jouo-bek

nut

orzech   o-rzek

Oo

oar

wiosło   vio-souo

observatory

obserwatorium
ob-ser-va-to-rium

ocean

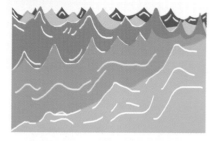

ocean   o-ce-an

octopus

ośmiornica
osi-myor-ny-ca

office

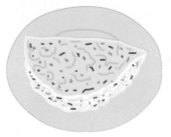

biuro   biu-ro

oil

olej   o-ley

olive

oliwka   o-ly-vka

omelette

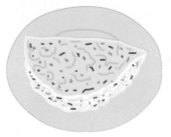

omlet   om-let

one

jeden   ye-den

onion

cebula   ce-bu-la

orange

pomarańcza
po-ma-rani-cza

orbit

orbita or-by-ta

orchard

sad sond

orchestra

orkiestra
or-kyes-tra

ostrich

struś strusi

otter

wydra vyd-ra

oval

owal o-val

oven

piekarnik
pye-kar-nyk

owl

sowa s-va

ox

wół vuou

Pp

packet

opakowanie
o-pa-ko-va-nye

page

strona stro-na

pain

ból   bul

paint

farba   far-ba

painting

obraz   ob-raz

pair

para   pa-ra

palace

pałac   pa-wac

palm

dłoń   dyon

pan

rondel   ron-del

pancake

naleśnik
na-lesi-nyk

panda

panda   pan-da

papaya

papaja   pa-pa-ya

paper

papier   pa-pyer

parachute

spadochron
spa-do-chron

parcel

paczka pacz-ka

park

park parc

parrot

papuga pa-pu-ga

passenger

pasażer pa-sa-ger

pasta

makaron
ma-ka-ron

pastry

ciastko cias-to

pavement

chodnik kod-nyk

paw

łapa oua-pa

pea

groszek gro-schek

peach

brzoskwinia
brschos-kvi-nya

peacock

paw pav

peak

szczyt kshyt

peanut

orzech ziemny
o-zek zyem-ny

pear

gruszka   grush-ka

pearl

perła   per-oua

pedal

pedał   pe-dau

pelican

pelikan   pe-li-kan

pen

pióro   piu-ro

pencil

ołówek   o-ou-vek

penguin

pingwin   pin-kvin

pepper

papryka   pap-ri-ca

perfume

perfumy   per-fu-my

pet

zwierzę domowe
zvie-sche dom-mo-ve

pharmacy

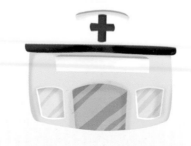

apteka   ap-te-ka

abcdefghiJjklmnopqrstuvwxyz

photograph

zdjęcie   zdye-cie

piano

fortepian
for-te-pian

picture

obraz   ob-raz

pie

placek nadziewany
pla-cek nadzie-va-ny

pig

świnia   svy-nya

pigeon

gołąb   go-ouomb

pillar

filar   fi-lar

pillow

poduszka
po-dush-ka

pilot

pilot   py-lot

pineapple

ananas   a-na-nas

pink

różowy   ru-jo-vy

pipe

rura   ru-ra

pizza

pizza   piz-za

planet

planeta   pla-ne-ta

plant

roślina   rosi-ly-na

plate

talerz   ta-lerz

platform

podium   po-ziom

platypus

dziobak   dyio-bak

player

zawodnik
za-vod-nyk

plum

śliwka   shliv-ka

plumber

hydraulik
hy-drau-lik

plywood

sklejka   skley-ka

pocket

kieszeń   kie-sheni

poet

poeta   po-e-ta

a b c d e f g h i j k l m n o **p** q r s t u v w x y z

polar bear

niedźwiedź polarny
nyedz-viedz po-lar-ny

police

policja   po-lyc-ya

pollution

zanieczyszczenie
za-nye-czys-ce-nye

pomegranate

granat   gra-nat

pond

sadzawka
sa-dzav-ka

porcupine

jeżozwierz
ye-zo-zviej

port

port
port-mo-net-ka

porter

bagażowy
ba-ga-jo-vy

postcard

pocztówka
pocz-tuv-ka

postman

listonosz
lis-to-nosh

post office

poczta   poc-ta

pot

doniczka   do-nic-ka

potato

ziemniak
zyem-nyak

powder

puder   pu-der

prawn
US English **shrimp**

krewetka
kre-wet-ka

priest

ksiądz   ksio-ndz

prince

książę   ksia-rze

prison

więzienie
wie-zie-nie

pudding

pudding   pu-dding

pump

pompa   pom-pa

pumpkin

dynia   dy-nya

puppet

kukiełka
ku-kieu-ka

puppy

szczeniak
szcze-niak

purse

portmonetka
port-mo-net-ka

a b c d e f g h i j J k l m n o p q r s t u v w x y z

a
b
c
d
e
f
g
h
i
J
k
l
m
n
o
p
q
r
s
t
u
v
w
x
y
z

Qq

quail

przepiórka
prze-piur-ka

quarry

kamieniołom
ka-mie-nyo-yom

queen

królowa   kru-lo-va

queue

kolejka   ko-ley-ka

quiver

kołczan   kou-czan

Rr

rabbit

królik   kru-lik

rack

półka   puou-ka

racket

rakieta   ra-kie-ta

radio

radio   ra-dio

radish

rzodkiewka
jod-kiev-ka

raft

tratwa trat-va

rain

deszcz dreszcz

rainbow

tęcza teu-cza

raisin

rodzynek
ro-dzy-nek

ramp

pochylnia
pod-kyl-nya

raspberry

malina m-ly-na

rat

szczur szczur

razor

maszynka do golenia
ma-syn-ka

receipt

paragon pa-ra-gon

rectangle

prostokąt
pros-to-cont

red

czerwony
cer-vo-ny

restaurant

restauracja
res-tau-rac-ya

rhinoceros

nosorożec
no-so-ro-zec

rib

żebro zeb-ro

ribbon

wstążka vston-zka

rice

ryż riz

ring

pierścionek
pier-sicio-nek

river

rzeka rze-ka

road

droga dro-ga

robber

złodziej zlo-dziey

robe

szata sza-ta

robot

robot ro-bot

rock

skała ska-oua

rocket

rakieta ra-kie-ta

roller coaster

kolejka górska
ko-ley-ka gur-ska

room

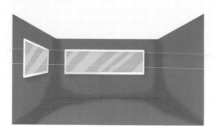

pokój po-kuy

root

korzeń ko-rzeni

rope

lina li-na

rose

róża ru-ja

round

okrągły o-kron-gly

rug

pled pled

rugby

rugby rug-by

ruler

linijka li-ny-ka

Ss

sack

worek vo-rek

sail

żagiel za-giel

75

sailor

marynarz
ma-ry-narz

salad

sałatka   sa-ouat-ka

salt

sól   sul

sand
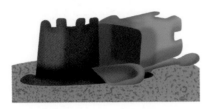

piasek   pia-sek

sandwich

kanapka   ka-nap-ka

satellite

satelita   sa-te-li-ta

saucer

spodek   spo-dek

sausage

kiełbasa
kieou-ba-sa

saw

piła   pi-oua

scarf

szal   szal

school

szkoła   szko-oua

scissors

nożyczki no-jy-czki

scooter

hulajnoga
nu-lay-no-ga

scorpion

skorpion   skor-pion

screw

śrubka   sirub-ka

sea

morze   mo-schrze

seal

foka   fo-ka

seat

siedzenie
sied-zenie

see-saw

huśtawka
husi-tav-ka

seven

siedem   sie-dem

shadow

cień   cieni

shampoo

szampon
scham-pon

shark

rekin   re-kin

sheep

owca   ov-ca

shelf

półka   puou-ka

shell

muszla   musz-la

shelter

schronienie
schro-nye-nie

ship

statek   sta-tek

shirt

koszula   ko-schu-la

shoe

but   but

shorts

spodenki
spo-den-ki

shoulder

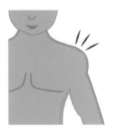

ramię   ra-mieu

shower

prysznic   prisz-nyc

shutter

żaluzja   dja-luz-ya

shuttlecock

lotka   lot-ka

signal

sygnał   sig-nau

silver

srebro　　sre-brro

sink

umywalka
u-my-val-ka

sister

siostra　　syos-tra

six

sześć　　sze-sc

skate

łyżwa　　oui-sva

skeleton

szkielet　　czkye-let

ski

narta　　nar-ta

skin

skóra　　sku-ra

skirt

spódnica
spud-ny-ca

skull

czaszka　　cas-ka

sky

niebo　　nye-bo

skyscraper

wieżowiec
wie-jo-viec

slide

zjeżdżalnia
zyez-dal-nya

slipper

kapeć   ka-pec

smoke

dym   dim

snail

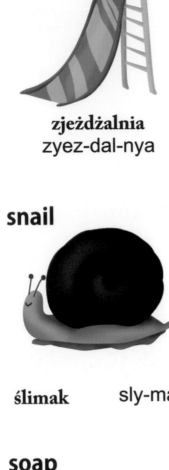

ślimak   sly-mak

snake

wąż   wonsch

snow

śnieg   snyeg

soap

mydło   my-djo

sock

skarpetka
skar-pet-ka

sofa

kanapa   ka-na-pa

soil

gleba   gle-ba

soldier

żołnierz   zol-nierz

soup

zupa   zu-pa

space

kosmos   kos-mos

spaghetti

spaghetti
spa-ghet-ti

sphere

kula   ku-la

spider

pająk   pa-yonk

spinach

szpinak   spi-nak

sponge

gąbka   gom-bka

spoon

łyżka   yska

spray

rozpylacz
roz-py-lak

spring

wiosna   vios-na

square

kwadrat   cva-drat

squirrel

wiewiórka
vie-viurka

stadium

stadion   sta-dion

a b c d e f g h i J k l m n o p q r **s** t u v w x y z

stairs

schody   scho-di

stamp

znaczek   zna-cek

star

gwiazda   gviaz-dya

station

dworzec   dvo-schec

statue

posąg   po-sonk

stethoscope

słuchawki
su-kaw-ki

stomach

żołądek
jo-yon-dek

stone

kamień   ka-myen

storm

burza   bu-scha

straw

słomka   syom-ka

strawberry

truskawka
trus-kav-ka

street

ulica   u-li-ca

student

uczeń　　u-czen

submarine

okret podwodny
ok-ret pod-vod-ny

subway

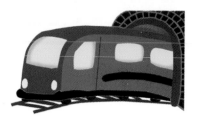

metro　　met-tro

sugar

cukier　　cu-kier

sugarcane

trzcina cukrowa
trz-ci-na cuk-ro-va

summer

lato　　la-to

sun

słońce　　syon-ce

supermarket

supermarket
su-per-mar-ket

swan

łabędź　　oua-bedj

sweet

słodki　　slod-ky

swimming pool

basen　　ba-sen

swimsuit

kostium kapielowy
kos-tium kom-pie-lo-vy

swing

huśtawka
husi-tav-ka

switch

włącznik
wlon-cznyk

syrup

syrop　　sy-rop

table

stół　　stuv

tall

wysoki　　wy-so-ki

tank

czołg　　joug

taxi

taksówka
tak-suv-ka

tea

herbata　her-ba-ta

teacher

nauczyciel
na-u-czy-ciel

teeth

zęby　　zeu-by

telephone

telefon　te-le-fon

television

telewizor
tele-vi-zor

ten

dziesięć   dzye-siec

tennis

tenis   te-nis

tent

namiot   na-miot

thief

złodziej   zyo-dziey

thread

nitka   nit-ka

three

trzy   trzi

throat

gardło   gard-yo

thumb

kciuk   kciuk

ticket

bilet   bi-let

tiger

tygrys   tyg-rys

toe

palec u nogi
pa-lec u no-gi

a b c d e f g h i j J k l m n o p q r s **t** u v w x y z

tofu

tofu to-fu

tomato

pomidor po-mi-dor

tongue

język je-zyk

tool

narzędzie
na-rze-dzye

toothbrush

szczotka do zębów
szczot-ka do ze-buv

toothpaste

pasta do zębów
pas-ta do ze-buv

tortoise

żółw zuwv

towel

ręcznik recz-nik

tower

wieża wie-scha

toy

zabawka za-bav-ka

tractor

traktor trac-tor

train

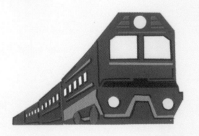

pociąg po-ciong

tree

drzewo drze-vo

triangle

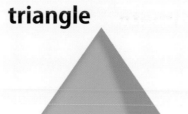

trójkąt na

tub

wanna van

tunnel

tunel tu-nel

turnip

rzepa sche-pa

tyre

US English **tire**

opona o-po-na

umbrella

parasol pa-ra-sol

uncle

wujek vu-yek

uniform

mundurek
mun-du-rek

university

uniwersytet
u-ni-ver-sy-tet

utensil

sprzęt kuchenny
sprzet ku-chen-ny

Vv

vacuum cleaner

odkurzacz
od-ku-rzacz

valley

dolina   do-li-na

van

furgonetka
fur-go-net-ka

vase

wazon   va-son

vault

skarbiec   skar-biec

vegetable

warzywo
va-schy-vo

veil

welon   ve-lon

vet

weterynarz
ve-te-ry-nasch

village

wieś   vie-si

violet

fioletowy
fio-le-to-vy

violin

skrzypce   schyp-ce

volcano

wulkan   vul-can

volleyball

siatkówka
syat-kuv-ka

vulture

sęp   sep

Ww

waist

talia   ta-lya

waitress

kelnerka
kel-ner-ka

wall

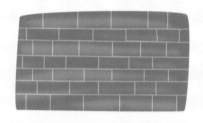

mur   mur

wallet

portfel   por-tfel

walnut

orzech włoski
o-schech wyos-ki

wand

różdżka
rusch-dzka

wardrobe

szafa   scha-fa

warehouse

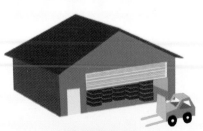

magazyn
ma-ga-syn

wasp
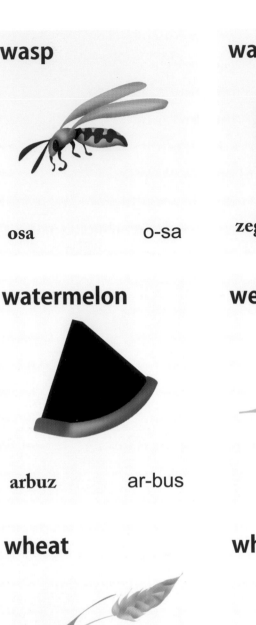

osa o-sa

watch
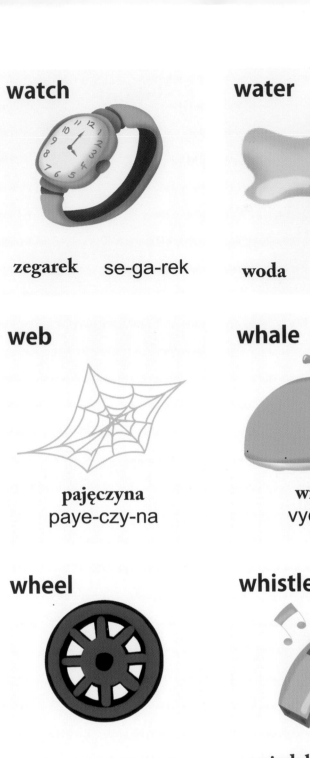

zegarek se-ga-rek

water

woda vo-da

watermelon

arbuz ar-bus

web
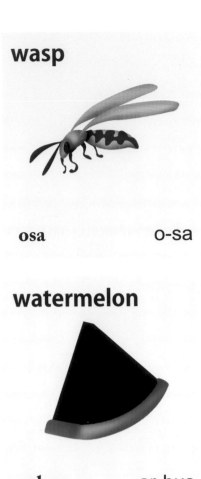

pajęczyna
paye-czy-na

whale

wieloryb
vye-lo-ryb

wheat

pszenica
psche-ny-ca

wheel

koło ko-wo

whistle

gwizdek gviz-dek

white
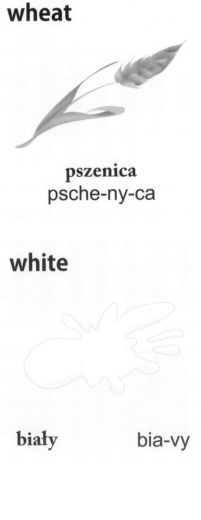

biały bia-vy

wife

żona scho-na

window
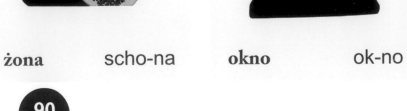

okno ok-no

wing

skrzydło
skrzyd-lo

winter

zima zi-ma

wizard

czarnoksiężnik
czar-no-ksche-schnik

wolf

wilk vilk

woman

kobieta ko-bie-ta

woodpecker

dzięcioł dzie-cioll

wool

wełna vell-na

workshop

warsztat
var-schtat

wrist

nadgarstek
nad-gar-stek

Xx

x-ray
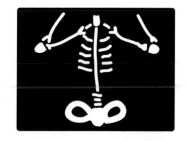
rentgen rent-gen

xylophone

ksylofon kly-so-fon

a b c d e f g h i J k l m n o p q r s t u v w x y z

a b c d e f g h i j k l m n o p q r s t u v w x **y** **z**

Yy

yacht

jacht   yacht

yak

jak   yak

yard

podwórko
pod-vur-ko

yellow

żółty   sou-ty

yoghurt

jogurt   yo-gurt

Zz

zebra

zebra   zeb-ra

zero

zero   ze-ro

zip

zamek błyskawiczny
sa-mek bouys-ka-vich-ny

zodiac

zodiak   zo-dyak

zoo

zoo   zoo